VENTE

es 21, 22 et 23 Novembre 1904

HOTEL DROUOT, SALLE N° 2

à deux heures

EXPOSITION PUBLIQUE

Le 20 Novembre 1904, de 1 h. 1/2 à 5 h. 1/2

Après décès de M. JACQUESSON de la CHEVREUSE

ARTISTE PEINTRE

TABLEAUX

ANCIENS ET MODERNES

FAIENCES ET PORCELAINES

SIÈGES — GLACES — PENDULES

MEUBLES ANCIENS ET MODERNES

CHEVALETS, OBJETS DIVERS

ARGENTERIE, BIJOUX, TAPIS, TENTURES, ÉTOFFES

COMMISSAIRE-PRISEUR

Me ANDRÉ COUTURIER

Successeur de Me Léon TUAL

56, rue de la Victoire

EXPERTS

MM. PAULME et B. LASQUIN FILS

10, rue Chauchat — 12, rue Laffitte

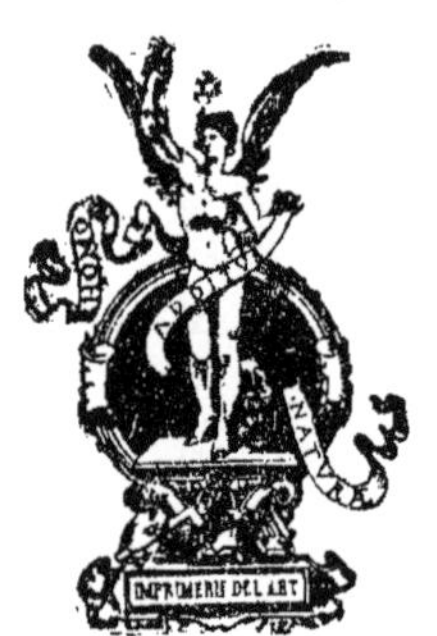

CATALOGUE

DES

TABLEAUX ET DESSINS

ANCIENS ET MODERNES

PAR OU ATTRIBUÉS A :

ABELLORTMER, BARBIERI dit IL GUERCINO, CAMELIN, CARLE DU JARDIN,
GRIFF, GÉROME, HOLBEIN, VAN HUYSUM, LESUEUR,
E. LÉVY, QUENTIN MASSYS, MOUCHOT, RIGAUD, RUBENS, SÉGHERS, C. VAN LOO,

DES ÉCOLES FLAMANDE, FRANÇAISE DU XVIIIᵉ SIÈCLE,
HOLLANDAISE, ITALIENNE

MINIATURES ANCIENNES

FAIENCES ET PORCELAINES

DE

ROUEN, STRASBOURG, MARSEILLE, MOUSTIERS, DELFT, NIEDERVILLERS, CHINE ET JAPON

MEUBLES ANCIENS ET MODERNES

CHEVALETS, SIÈGES, GLACES, PENDULES

COLLECTION DE FLAMBLEAUX, BOUGEOIRS EN CUIVRE

OBJETS DIVERS, ARGENTERIE, BIJOUX

TAPIS D'ORIENT, TENTURES, ÉTOFFES

Dont la Vente

Après décès de M. JACQUESSON de la CHEVREUSE

ARTISTE PEINTRE

AURA LIEU

HOTEL DROUOT, SALLE Nº 2

LES LUNDI 21, MARDI 22 et MERCREDI 23 NOVEMBRE 1904

à deux heures

<table>
<tr><td>COMMISSAIRE-PRISEUR
Mᵉ ANDRÉ COUTURIER
Successeur de Mᵉ LÉON TUAL
56, rue de la Victoire</td><td>EXPERTS
MM. PAULME & B. LASQUIN FILS
10, rue Chauchat — 12, rue Laffitte</td></tr>
</table>

Chez lesquels se distribue le présent Catalogue

EXPOSITION PUBLIQUE

Le Dimanche 20 Novembre 1904, Salle nº 2, de 1 heure 1/2 à 5 heures 1/2

CONDITIONS DE LA VENTE

Elle se fera expressément au comptant.

Les acquéreurs paieront *dix pour cent* en sus des prix d'adjudication.

L'exposition mettant le public à même de se rendre compte de l'état et de la nature des objets, il ne sera admis aucune réclamation, une fois l'adjudication prononcée.

Ordre des vacations.

Lundi 21 9bre 1904. — Porcelaines — Faïences — Bronze — Étain — Bijoux — argenterie — Bougeoirs. —

Mardi 22 — Tableaux — Dessins — gravures — Meubles — sièges — Commodes. —

Mercredi 23 — Livres. (continuation des meubles) chevalets, Tapis, débarras, étoffes. —

Paris. — Imp. de l'Art, E. Moreau et Cᵉ, 41, rue de la Victoire.

Produit total de la vente — — — ~~24387~~ « 30001
et avec les 10 % — — — — ~~2988~~ « 3000.

soit au total. — — — ~~32875~~ « 33001.1

1er jour ~~1668~~. 8589.
2e ~~~~ 14782.
3e ~~~~ 8537.
Total égal. ~~~~ 30001. «

❧❧❧❧❧❧❧❧❧❧❧❧❧❧❧❧❧❧❧❧❧❧❧❧❧

DÉSIGNATION

TABLEAUX ANCIENS
ET MODERNES

ABELLORTMER

1 — *La Tour de Babel.*
    Paysage animé de nombreuses figures.
    Panneau. Signé.
    Cadre Louis XIV en bois sculpté.

                                                     146.

BARBIERI (Attribué à G.-F.)
(Dit IL GUERCINO)

2 — *Portrait de saint Pierre.*
    Toile.   *91.*

CAMELIN (1796)

3 — *La Charge.*   *16.*

DU JARDIN (Carle)

4 — *Paysage avec rivière, animé de personnages
et troupeau de chèvres.*
    Toile.   *40.*

— — — *Paysages* — Collin — 2 tableaux . . . . *7.*

————————————

                                               300.

GRIFF (Attribué à)

5 — *Chasse au lion.*
Sur cuivre.

GÉROME

6 — *La Présentation de saint Jean.*
Toile.

HOLBEIN (D'après)

7 — *Portrait d'Homme coiffé d'une toque.*
Dessin.
Cadre ancien en bois sculpté doré. Époque
Louis XIV.

HUYSUM (Attribué à Van)

8 — *Fleurs dans un vase.*
Toile.

LESUEUR (E.)

9 — *Alexandre Legrand et Philippe, médecin.*
Dessin à la plume et lavis.

LÉVY (Émile)

10 — *L'Assomption.*
Toile.

METSYS (Quantin)

11 — *Descente de Croix, composition de cinq personnages.*
Panneau.

MOUCHOT

12 — *Entrée de ferme.*
Toile.

RIGAUD (Ecole de)

13 — *Portrait d'Homme, en buste, en habit rouge.*
Toile.

RUBENS (Genre de)

14 — *Combat.*
Panneau.

SEGHERS (Attribué à)

15 — *Portement de la croix, dans un médaillon à
fleurs.*
Panneau.
Cadre Louis XIV en bois sculpté et doré.

VAN LOO (Carle)

16 — *Femme nue.*
Dessin à la sanguine.

ÉCOLE FLAMANDE

17 — *Paysage avec rivière, animé de figures.*
Panneau.

ÉCOLE FLAMANDE

18 — *La Nativité.*
Sur cuivre.

ÉCOLE FRANÇAISE (xviie siècle)

19 — *Suzanne au bain surprise par les vieillards.*
Toile.

ÉCOLE FRANÇAISE (xviiie siècle)

20 — *Portrait de vieillard.*
Dessin au crayon.

ÉCOLE FRANÇAISE

21 — *Scène biblique.*
Toile.

ÉCOLE FRANÇAISE

22 — *Petit portrait de Femme.*
Époque Louis XIV, de forme ovale.
Petit cadre italien en bois sculpté et doré.

ÉCOLE FRANÇAISE

23 — *Le Massacre des Innocents.*
— *Moïse sauvé des eaux.*
    Deux pendants, de forme ovale.
    Panneau.

ÉCOLE FRANÇAISE

24 — *Paysage, avec rivière et pont au premier plan.*
    Toile.

ÉCOLE HOLLANDAISE

25 — *L'Hiver en Hollande, patineurs sur un canal.*
    Panneau.

ÉCOLE HOLLANDAISE

26 — *Nature morte, fleurs et fruits sur une table.*
    Toile.

ÉCOLE ITALIENNE

27 — *Vierge et Enfant Jésus.*

ÉCOLE ITALIENNE

28 -- *Portrait d'Homme.*
    Toile.

ÉCOLE ITALIENNE

29 — *Paysage avec ruines.*
    Toile.

DESSINS ANCIENS
ET MODERNES
MINIATURES, GRAVURES

BANDINELLY

30 — *Sujet religieux.*
Dessin à la plume.

JOYANT

31 — *Vue de Venise.*
Dessin au crayon.

JOYANT

32 — *Vue de Séville.*
Dessin au lavis.

MOUCHOT

33 — *Paysage d'Orient.*
Dessin au crayon.

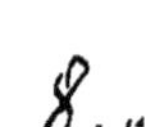

34 — Environ dix dessins divers.

ÉCOLE ITALIENNE

35 — Quatre dessins : Sujets religieux.

36 — Deux miniatures : Portraits d'hommes. Époque Louis XIII.

37 — Deux fixés : Vues d'Italie.

38 — Deux miniatures : Portraits d'homme et de femme. Époque de la Restauration.

39 — Quatre petites peintures sur cuivre : Bacchus et bacchante, Mars et Vulcain.

40 — Gravure, d'après Albert Durer, dans un cadre Louis XIV en bois sculpté et doré.

FAIENCES ET PORCELAINES
ANCIENNES ET MODERNES

41 — Plat creux en ancienne faïence de Delft, décor bleu.

42 — Deux potiches en ancienne faïence de Delft, à décor de fleurs en bleu.

43 — Trois plats en faïence de Delft, décor de petites fleurs bleues.

44 — Huit plats en faïence de Delft, à décor bleu.

45 — Quatre plats, faïence de Delft, décor polychrome.

46 — Paire de vase en faïence de Delft moderne, décor bleu.

47 — Six pièces en faïence de Rouen, Delft et autres, tels que gargoulette, pots, pichets.

48 — Petit compotier en ancienne faïence de Rouen, décor polychrome au carcois.

49 — Un bidet et deux jardinières en faïence de Rouen.

50 — Fontaine en ancienne faïence de Rouen.

51 — Cinq jardinières porte-fleurs-appliques, en
faïence de Rouen.

52 — Trois plats, en faïence de Rouen, de forme
octogonale.

53 — Environ trente assiettes ou compotiers en ancienne faïence de Rouen, Strasbourg, Moutiers,
Delft.

54 — Deux grands et quatre petits plats ovales, en
ancienne faïence de Rouen, Strasbourg, etc.

55 — Neuf pièces, saucières, paire de vases, bol et
couvercle, etc., en faïence de Rouen, Delft et
Strasbourg.

56 — Soupière avec son couvercle et son plat, en
ancienne faïence de Strasbourg.

57 — Trois plats en ancienne faïence de Moustiers,
décor jaune d'ocre, et bleu.

58 — Petite statuette de Nègre, en ancienne porcelaine de Louisebourg.

59 — Sucrier avec son couvercle en porcelaine, décor
de fleurs.

60 — Seize assiettes, deux compotiers et deux plats
en porcelaine de la Chine et du Japon, décor bleu
polychrome.

61 — Petit compotier en porcelaine de Chine, décor de chrysanthèmes et réserves.

62 — Quatre assiettes, Chine et Japon, monture en bronze.

63 — Deux grands vases à long col, en porcelaine, décor rouge et or.

64 — Un lot de porcelaine et faïence, tels que : Jardinières, vases, potiches, etc.

BOIS SCULPTÉS, GLACES
CADRES ANCIENS

65 — Un devant de coffre en bois sculpté du XVe siècle.

66 — Neuf panneaux de coffres en bois sculpté des XVe et XVIe siècles.

67 — Trois frises en bois sculpté ornées de têtes d'anges. XVIe siècle.

68 — Quatre fragments de frise en bois sculpté et doré, rinceaux, feuillages, fleurs et fruits.

69 — Glace de style Louis XIII, avec ornements en cuivre appliqué.

70 — Glace-miroir dans un cadre en bois sculpté. Époque de la Régence, redoré.

71 — Petite glace, cadre en bois sculpté et doré. Époque Louis XIV.

72 — Miroir, cadre en bois sculpté et doré. Époque Louis XIV.

73 — Glace dans un cadre avec fronton en bois sculpté et doré. Époque Louis XIV.

74 — Petit miroir, cadre Louis XIV avec fronton bois scupté et doré.

75 — Petit miroir dans un cadre Louis XIV, en bois sculpté et doré.

76 — Deux petits cadres italiens en bois sculpté et partie doré, renfermant, une eau-forte de Rembrandt et une gravure d'après Albert Durer.

77 — Cadre Louis XIII en bois sculpté et doré, bande de fleurs et fruits.

78 — Quatre petits cadres Louis XIII en bois sculpté et doré.

79 — Miroir avec cadre en bois noir.

PENDULES, BRONZES
D'ART ET D'AMEUBLEMENT
OBJETS EN CUIVRE, FER FORGÉ

80 — Une pendule religieuse en bois noir orné de bronze. Époque Louis XIII. — *45.»*

81 — Garniture de cheminée en bronze doré et marbre blanc, composée d'une grande pendule, cadran surmonté de deux amours figurant les Arts, et de deux candélabres à six lumières avec amours figurant la Poésie et la Musique. — *161.»*

82 — Garniture de cheminée en bronze patiné et marbre blanc, composée d'une pendule et de deux candélabres à six lumières. — *61.»*

83 — Statuette en bronze, l'Automne, par Dumaige. — *45.»*

84 — Statuette de Voltaire, en bronze, d'après Houdon. — *56.»*

85 — Grand lustre hollandais, en cuivre, à cinq lumières. — *121.»*

86 — Petit lustre, en bronze doré, à six lumières. Époque Louis XIII. . . . .
— — *petit lustre à 12 lumières.* . . . . . . — *48.»*

87 — Paire de chenets avec galerie de foyer en bronze doré de style Louis XV. — *57.»*
— — *Pendule marbre et bronze* . . . . . — *34.»*

628.»

88 — Pare-étincelle éventail.

89 — Marmite, trépied à manche en bronze. XVIᵉ siècle.
Elle porte l'inscription J. Boutaire.

90 — Cinq plats en cuivre. Époque Louis XIII.

91 — Vingt et un couvercles de bassinoires, en
cuivre.

92 — Cinq plats en cuivre repoussé et gravé avec
armoiries et rosaces.

93 — Jardinière, sceau avec anse, cuvette, plateau,
lanterne en cuivre repoussé ou ciselé. (Sera di-
visé.) . . . .

94 — Deux lanternes en cuivre et en bronze.

95 — Collection d'environ soixante-dix flambeaux
anciens en cuivre et bronze . . .

96 — Collection de petits bougeoirs anciens, en
cuivre. . . . . . .

97 — Paire d'appliques en cuivre. Époque Louis XVI.

98 — Lampe juive, sceau, deux bouillotes, lanterne
en cuivre.

99 — Collection de vingt-neuf ornements en cuivre
et bronze, tel que entrées de serrures et poignées.

100 — Dans un cadre Louis XIII en bois sculpté et doré quinze ornements en bronze, cuivre et fer.

101 — Deux petits cadres en bois sculpté. Époque Louis XIII. L'un contenant une gravure, l'autre un fragment de bas-relief en bois sculpté.

102 — Vingt-six ornements en fer, cuivre et bronze, tels que : entrées de serrures, poignées, etc.

103 — Collection de seize verrous et cadenas en fer forgé, sur un panneau.

104 — Fort lot d'ornements de meubles en cuivre, fer, bronze, etc.

105 — Marteau de porte et ornements en fer forgé.

106 — Série de poids anciens en cuivre.

107 — Deux bras appliques en fer forgé et doré, montés pour le gaz.

SIÈGES

108 — Chaire à haut dossier et à coffre en bois sculpté. Fin XVe siècle.

109 — Six chaises en noyer. Époque Renaissance.

110 — Deux fauteuils en bois sculpté, époque Louis XIII, recouverts de cuir de Cordoue.

477. "

111 — Deux fauteuils, époque Louis XIII, en bois sculpté recouvert en cuir. *Doit faire double emploi avec le N° 110.*   *"*

112 — Deux fauteuils de style Louis XIV, en bois sculpté, recouverts de panne verte.   *230. "*

113 — Deux fauteuils, époque Louis XVI, en bois sculpté, recouverts d'étoffe à rayures.   *165. "*

113 bis. Un fauteuil Louis 16 en bois doré . . .   *66. "*

114 — Meuble de salon en velours rouge, composé d'un canapé et quatre fauteuils.   *105. "*

115 — Petit fauteuil en bois sculpté canné, bout de chaise-longue de style Louis XV. *2 . off*   *240. "*

116 — Fauteuil en bois sculpté, époque Louis XVI, recouvert d'étoffe bleue et tapisserie.   *32. "*

117 — Deux fauteuils de l'époque Louis XVI, en bois sculpté, recouverts de velours rouge avec coussins.   *165. "*

118 — Fauteuil, style Louis XVI, en bois sculpté et doré, recouvert en soierie. *(2 fauteuils.)*   *80. "*

119 — Trois chaises paillées, en bois, dossiers ornés de fleurs de lys. Époque Louis XVI.   *24. "*

120 — Banquette d'antichambre, en chêne sculpté. *à suite*   *95. "*

— une autre . plate . . . . .   *80. "*

— 3 chaises et 1 tabouret . . . . .   *30. "*

— un tabouret de piano — un tabouret en bois et un pouff *6.50*

1795.50

MEUBLES ANCIENS & MODERNES

Commode Louis 16. 1100..

121 — Meuble crédence, en noyer sculpté, du XVIe siècle. 500..

122 — Meuble à deux corps, en bois sculpté, XVIe siècle, parties modernes. 217..

123 — Table carrée à allonges sur les côtés, pied sculpté, à griffes de lion. XVIe siècle. 50..

124 — Meuble cabinet en ébène sculpté, époque Louis XIII, ouvrant à deux portes. L'intérieur garni de tiroirs et ouvrant à deux petites portes, dont l'intérieur est marqueté en bois de couleur. 150..

125 — Petit cabinet Louis XIII, en bois de palissandre avec incrustations d'os, ouvrant en abattant; à l'intérieur dix tiroirs, il repose sur un socle à quatre pieds tors. *j'ai poussé jusqu'à 68..* 72..

126 — Grande armoire Louis XIV, en chêne sculpté. 245..

127 — Buffet-étagère, en bois sculpté. XVIIe siècle. *vaisselier* 75..

128 — Table de nuit, en palissandre et bois de rose, dessus de marbre. Époque Louis XV. 96..

129 — Horloge en chêne sculpté. Époque Louis XV. 34..

— — *une autre* . . . . 18..

— — *Meuble de salon, velours rouge frappé = un canapé deux fauteuils et deux chaises voir N° 114.* ~~105~~

— — *Garniture de cheminée, marbre et bronze* . . 23..

— — *2 lampes en bronze,* . . . . 12..

— — *4 paires de lampes et un vase en verre avec pied en bois sculpté.* . . . . 12..

2604..

260 4

130 — Commode, époque Louis XVI, en marqueterie de bois de rose, à deux rangs de tiroirs,
ornée de chutes, poignées, entrées de serrures,   *260*
sabots en bronze doré. Dessus de marbre.

131 — Meuble à deux corps, en chêne sculpté, le   *130*
haut ouvrant à deux portes. Style XVIe siècle.

132 — Salle à manger, en noyer sculpté, style Re-   *730*
naissance. Composée de buffet, table à allonges,
douze chaises recouvertes en cuir de Cordoue.
— — *Deux toilettes* *40*

133 — Buffet en noyer, ouvrant à deux portes, sur
lesquelles sont sculptés deux cavaliers. *131*   } *262*

134 — Un autre, semblable au précédent. *131*

135 — Petite console demi-lune, en bois sculpté et   *80*
doré, de style Louis XVI. Dessus de marbre.
— — *Une armoire à glace* *98*

136 — Meuble d'entre-deux à hauteur d'appui, en
bois noir. Marqueterie à fleurs, et arc de triomphe.   *91*
Dessus de marbre blanc.
— — *Une*

137 — Table, en chêne sculpté, à quatre pieds tors.   *82*
Style Louis XIII. *35*
— — *Une commode* . . . .

138 — Chambre à coucher, en noyer sculpté, style
Renaissance. Composée de lit à colonnes et bal-   *980*
daquins, armoire à glace. *le lit 400*
l'armoire 580

139 — Grande horloge, en noyer. *32*

— *Buffet, vitrine acajou* *60*
— — *Bibliothèque* *125*
— — *Bureau en acajou* *15*
— — *Table à jeu en acajou* *29*
— — *2 vases porcelaine* *16*
— — *2 terres cuites, 1 buste en plâtre* . . .   *11*
                                              5680

5680.»

140 — Guéridon en marqueterie. Style Louis XV. *45.»*

141 — Meuble-bibliothèque à deux corps en bois noir, le bas ouvrant à quatre portes pleines, le haut à quatre portes vitrées. Style Louis XIII. *315.»*
— — *Une bibliothèque* . . . . *45.»*

142 — Secrétaire-chiffonnier en bois de marqueterie fleurs, orné de bronzes dorés. Dessus de marbre. *102.»*
— — *Secrétaire* . . . . *30.»*

143 — Table en bois noir, dessus avec mosaïques. *40.»*

144 — Table à thé, en noyer, avec deux tablettes d'entrejambe. *30.»*
— — *Petit bureau en acajou* . *36.»*

145 — Petit meuble à pinceaux, à tiroirs, en bois noir. *autre* , ... *66.»*
 30.»

146 — Deux étagères support, en bois sculpté ajouré, peint et doré. *Double emploi du N.º 154* . . . *»*
— — *Un grand paravent Chinois* . . . . *17.»*

147 — Trois paravents de style Louis XV, en bois sculpté, à trois feuilles en damas rouge. . . *163.»*
60.» — 53.» — 50.»

148 — Piano à queue Erard, nº 27.309. . . . . *430.»*
— — *g.ds Cheminée en bois sculpté.* . . . . *68.»*
— — *un support en chêne.* . . . . *14.»*

OBJETS DIVERS

2.111.»
— — *un objet en verrerie 1.» — 5 petits flacons verrerie 17.» — 18.»*

149 — Petit coffret de l'époque Louis XIII, en cuivre clouté. *et 3 autres coffrets . avec cela d.º N.º 152* . . *23.»*
— — *Un christ en ivoire, (un bras cassé.)* . . . . *16.»*

150 — Deux coffrets en laque rouge et or du Japon. *15.»*
— — *lot de coffrets, porte cigares boîtes, et boîtes diverses.*
3—8 pour 15.» et 35.» . . . . . . *50.»*
— — *1 lot d'une écritoire et 3 boîtes marqueterie. acheté par moi.* *8.»*
— — *un coffre fort en métal* . . . . *43.»*
— — *Cinq matelas, un édredon, un oreiller, un traversin* . . *56.»*
— — *une toilette, une table de nuit, un bureau et une table en bois blanc* . . . . *15.»*
— — *un lit, un divan et un lit de sangle* . . . . *24.»*
268.»

151 — Petit coffret en bois de marqueterie, le dessus à damier, l'intérieur avec glace. Époque Louis XV.

152 — Petit coffret de forme bombée en marqueterie de cuivre et d'écaille. Genre Boulle. *voir le N° 149*.

153 — Deux consoles-supports Louis XV, en bois sculpté et doré, formées de feuilles, fleurs et rinceaux.

154 — Deux petites consoles appliques en bois sculpté et doré. Époque Régence. *Louis 14. voir N° 146.*

— — une console en plâtre.

155 — Petite bonbonnière en cuivre doré, sujet de chasse sur le couvercle. Époque Louis XV.

156 — Éventail, époque Louis XV, feuille peinte à la gouache. Sujet : scène de famille.

157 — Éventail, monture en nacre. *voir N° 160.*

158 — Petit étui-nécessaire en galuchat avec ustensiles en argent. Époque Louis XVI.

159 — Collection de bijoux anciens : bagues, boucles d'oreilles, broches, médaillons, cachets, boucles ornés de pierres de couleurs et de cailloux du Rhin. *30 pièces = 28." — 8 pièces = 5."*

160 — Éventail en écaille orné de plumes d'autruche, un autre éventail en ivoire. *28." — 12." plus 2 Bourses et 1 éventail, N° 157.*

— — 6 Carreaux en terre cuite et un petit tableau en relief.

— — une médaille en or. 82 grammes.

— — 3 Décorations, Légion d'honneur — 1 d'officier d'académie et une d'officier de l'instruction publique.

— — une médaille de Roty. 9." — une de Chaplin 3."

— — 2 médailles de bronze.

161 — Environ dix tabatières et bonbonnières en argent, cuivre, corne, bois.

162 — Vase en émail cloisonné de Chine, anses chimères en bronze doré.

163 — Deux vases à col en émail cloisonné de Chine.

164 — Quatre petits ivoires japonais.

165 — Brûle-parfum en pierre de lard.

166 — Environ dix pièces en bronze du Japon.

167 — Trois petits braseros en bronze du Japon.

168 — Bouddha chinois en bois sculpté et doré.

169 — Dix-neuf assiettes en étain. Epoque Louis XV.

170 — Cinq plats longs et cinq ronds en étain, époque Louis XV, de différentes grandeurs.

171 — Cinq plats ronds en étain avec armoiries.

172 — Quinze pièces en étain : pichets, gargoulettes, cafetières, théières, tasses, etc.

173 — Écritoire en acajou et lot de boîtes et coffrets en bois de marqueterie.

174 — Deux rouets.

1780.50

175 — Nécessaire de toilette de voyage en maroquin rouge, garniture en cristal, monture en argent. *37. " .*

176 — Environ vingt pièces de verrerie de Venise et autre. *5 . "*

177 — Violon. *2 violons.* *40. "*

178 — Trois mouchettes en fer, gravées, dont une avec son plateau. *24. "*

179 — Buste d'homme en plâtre. Style XVᵉ siècle. *1.50*

180 — Deux épées. *2 fleurets. 2 cravaches. 1 canne. 1 masque d'armes.* *14. "*

181 — Lot de pistolets. *4 et 1 revolver* *7.50*
— — *1 fusil démontable dans sa boîte* . . . . *55. "*
182 — Cave à liqueur. . . . . *33. "*
~ — *un mannequin articulé* . . . . *155. "*
~ — *un petit mannequin et un vaisseau* . . *13. "*

ARGENTERIE, BIJOUX *2165. "*

183 — Six grands couverts en argent. *980 gr.* *96. "*

184 — Quatre grands couverts en argent. Vieux Paris. ⎱
865 gr. ⎰ *71. "*
185 — Cuillère à ragout et louche en argent.

186 — Deux pelles à sucre et cuillère à fruits en argent. *avec Nᵒ 187*
~ — *Dix pièces en argent, cuillers, etc. 580 gr.* . . . . *42. "*
~ — *neuf cuillers à café en argent, 200 gr.* . . . . . *16. "*
~ — *Douze couverts en vermeil. 220 gr.* . . . . . . *55. "*
~ — *quatre cuillères argent — une timbale, un coquetier, 2 salières arg. 290 gr —* *34. "*
~ — *huit pièces en argent pour hors d'œuvre* . . . . . *14. "*
~ — *Cinq couverts en argent.* . . . . *31. "*
~ — *Douze couteaux en vermeil, manches nacre* . . . . *49. "*
~ — *Douze couteaux en acier, manches nacre.* . . . . *31. "*
~ — *Deux services à salade en argent — 3 "*
  484. "

— — un lot de couteaux — truelle . . . . 11 . "

[dans la marge : 484 . "]

187 — Truelle à poisson, deux pinces à sucre et
quatre petites cuillères à café dépareillées. avec 186.   38 . "
en tout 9 pièces = 165 gr.

188 — Deux salières Louis XV en argent.
189 — Quatre salières Louis XVI en argent.   { 230 gr. }   52 "

190 — Cafetière en argent. 800 gr . . . . 58 . "
— — Cuillers et divers. . . . . 31 . "
191 — Douze cuillères à café en vermeil   27 . "
— — huit couverts — cuillers à café — fourchettes à huitres —   32 . "
192 — Bague en or, ornée d'un saphir entouré de   750 . "
dix brillants.
— — un plat, 1 théière — lots — en potin. . . . . 30 . "
193 — Broche en or, couronne de comte, ornée de   159 . "
perles, rubis et émeraudes.
— — huit pièces en métal (tout   🗝 ⚜ (payé par moi A.) . 10 . "
194 — Montre en or, à remontoir et à double boi-
tier.   157 . "

195 — Deux montres de dame en or.   195 . "

196 — Paire de boutons de manchettes en or.   17 . "

197 — Deux montres d'homme en or.   { 30 . "
                                      { 66 . "

198 — Pendeloque, ornée de roses anciennes.   94 . "

199 — Cinq chaines de montre en or.   236 . "
33 grammes — 21 — 26 — 25 — 27 — rendus 61 . " — 34 — 53 — 43 et 40.

200 — Bague en or, ornée d'un brillant.   60 . "

201 — Bague en or, ornée de sept roses.   102 . "
— — un collier, 2 broches et un médaillon . . . 14 . "
— — 2 lots de débris en métal. 41 . " et 14 ½ . .   55 . "
— — 1 lot de médailles argent et cuivre . . .   33 . "
— — 1 sac avec plaque en cuivre . . . . .   3 . "
— — 3 pièces médailles en argent . . .   26 . "
— — 3 — d° — d° — 2 boites et 1 broche argent .   16 . "
— — 4 cuillers à café — 5 pelles à sel . . . . .   7 . 50

2793.50

202 — Quatre bagues en or : cachets et camées.

203 — Bague en or ciselé : aigle déployé.

204 — Paire de pendants d'oreilles en or, ornés de demi-perles.

205 — Paire de pendants d'oreilles en or, ornés d'un rubis et de demi-perles.

206 — Cachet intaille.

207 — Montre ancienne.

208 — Trois médaillons en or.

209 — Débris d'or et d'argent.

TAPIS, RIDEAUX, ÉTOFFES

210 — Carpette orientale, à dessins réguliers de fleurs rouges, sur fond bleu.

Long., 3 m. 90 cent.; larg., 1 m. 5 cent.

211 — Autre carpette d'Orient, dessin à raies diagonales.

Long., 2 m. 40 cent.; larg., 1 mètre.

212 — Carpette orientale, à fond rouge, avec bordures fond bleu.

Long., 3 m. 45 cent.; larg., 1 mètre.

213 — Petit tapis d'Orient, à décor polychrome, fond rouge et blanc.

Long., 1 m. 67 cent.; larg., 1 m. 20 cent.

214 — Autre petit tapis, décor forme de croix grecque, sur fond rouge.

Long., 1 m. 50 cent.; larg., 1 m. 5 cent.

215 — Portière en tapisserie orientale.

216 — Tapis d'Orient, à décor polychrome.

Long., 2 mètres ; larg., 1 m. 75 cent,

217 — Carpette en smyrne, décor fond rouge et vert.

Long., 2 mètres ; larg., 1 mètre.

218 — Descente de lit, petit tapis d'Orient, fragments divers.

219 — Un lot de rideaux de fenêtre, portières.

220 — Tapis de table en soie ancienne, couleur chaudron, broderie à fleurs ; franges en or.

221 — Grand tapis de table en damas rouge.

222 — Tapis de table brodé, sur fond rose.

223 — Huit robes japonaises et chinoises en soie et en crêpon brodé.

224 — Un lot de soierie ancienne.

1703 . "

225 — Trois châles en cachemire *et [?] redonnés en 3 lots*
de 16 — 10 paires — 23 pour 60. " — 52. " et 26 " soit au total . . 138. "
= 3 — 7 — 5 et 6.

226 — Vingt coussins recouverts d'étoffes et de
soies anciennes, brochées et brodées. *en 4 lots:*   76. "
16. " — 23. " — 28. " — 9. " —

227 — Un fort lot d'étoffes diverses : coupons, soie,
tapis, etc. *en 5 lots : 30. " — 17. " — 21. " — 3. " — 5. " et 2 malles.*   76. "
Total des tapis et étoffes . . . 1993. "

228 — Chevalets, porte-carton, documents d'artiste.   834. "
voir 2 pages plus loin pour le détail.

229 — Livres sur les beaux-arts, *environ 1000 volumes.* 3161. 50
voir page suivante pour le détail.

230 — Meubles courants. *voir ci-dessous pour le détail.*

231 — Débarras. *voir ci-dessous pour le détail . . . .*   308. 50

232 — Objets non catalogués. *voir ci-dessous pour le détail .*
— — 2 étagères — 1 panier — 1 objet et une malle-boîte. — . . . 10. "

6307 . "

Objets non catalogués
Débarras.
Meubles courants.
Détail des N° 230
et 232 du Catalogue.

Pelles, pincettes . . .	6. "
Seaux, brocs . . .	7. "
Réchauds, lessiveuse, 3 paniers	7. "
4 couperets et 2 caisses	
de verrerie . .	19. "
Verreries . 80 pièces .	24. "
2 lessiveuses . . .	5. 50
Cuvettes, pots à eau .	12. "
Poêle à gaz . . .	8. 50
Poêle roulant . . .	7. "
Casseroles en gros . .	14. "
Service de porcelaine incomplet	16. "
6 chaises cannées . .	23. "
1 table . 2 coussins . .	15. "
1 fauteuil et 2 chaises étoffe	19. "
2 fauteuils, 1 table à ouvrage	16. "
	199. "

Report . 199. "
1 fauteuil à la voltaire . 13. "
acheté par Maria Simon.
1 table de cuisine, 1 tabouret . 6. 50
3 casiers fer, poêle à feu . 11. "
Baignoire et chauffe-bain . 36. "
Poêles en métal. 2 — 37. "
308. 50

total	30001. "
10 %	3000. 10
total de la vente	33001. 10

6307 . "

Résumé de la vente.

Tableaux —	4568. "
Dessins . —	386. "
Faïences . —	1320. "
bois sculptés —	1183. "
cuivre, fer forgé .	1994. "
sièges . —	1795. 50
meubles —	7111. "
objets divers	2165. "
argenterie, bijoux .	3171. 50
tapis, rideaux .	1993. "
chevalets, documents .	834. "
Livres —	3161. 50
Meubles, débarras, objets non catalogués	318. 50
Total .	[illegible]
10 %	
Total de la vente .	[illegible]

Détail du n° 229 du Catalogue

Livres.

Lot de livres et brochures.	5.50
Lot de romans.	32."
9 albums à photographies.	14."
Lot de livres.	24."
3 cartons, dessins et photog.	30."
3 cartons, plans de villes et dessins d'architecture.	195."
Album de Bezançon. 3 vol.	13."
Seule - Barthénon. 7 vol.	15."
Chateaubriand et autres. 31 vol.	11."
Georges sand et autres 15 vol.	15."
Pascal et autres. Catalog. 15 vol.	11."
Catalog. des salons.	5."
Livraisons sur les beaux arts.	9."
15 vol. sur les beaux arts.	18."
Minerve - Bible - illustration 8 vol.	11."
Michel ange. Jean Rousseau 12 vol.	22."
Barbey opéra. 16 vol.	20."
Théophile gauthier, hugo 16 vol.	17."
Do - Do - 15 vol.	17."
Classiques. 15 vol. —	12."
Do du mobilier de viollet leduc.	161."
Do d'architecture de viollet leduc 10 vol.	162."
construction d'architecture de viollet leduc. 2 vol. et autres.	41."
La bruyère - 3 vol.	24."
Mercuri, costumes. 5 vol.	138."
Recueil de l'art antique 7 vol.	50."
Histoire de france de michelet. 7 vol.	32."
arts industriels de Labarthe. 3 vol.	65."
Rapilly, l'Egypte. 2 vol.	30."
Ornaments des tissus. 1 vol.	36."
Chateaux historiques de la France. 2 vol.	59."
Mélanges d'archéologie. 2 vol.	58."
	1352.50

Report.	1352.50
L'art pour tous (50 vol.)	172."
Magasin pittoresque 60 vol.	40."
Reclus géographie. 11 vol.	60."
gazette des beaux arts. 50 vol.	130."
Lacroix et Seré. 9 vol.	125."
Duruy, hist des Romains. 7 vol.	54."
Ed. Lemerre. Lamartine et autres 22 vol.	35."
Doré. Don quichotte. 2 vol.	38."
Beaux arts. 20 vol. brochés.	18."
Racinet. ornements polychr. 2 vol.	37."
Rembrandt. 2 vol.	58."
Dict.re des religions et autres 6 vol.	7."
Classiques. 16 volumes.	16."
Baudelaire. 7 vol.	25."
Rabelais. 4 vol.	15."
Classiques. 28 vol.	40."
Divers. 5 vol.	13."
Racinet - Costumes.	95."
D? fçs allemand. Bouillet 9 vol.	18."
Le temple de Ghirs. 1 vol.	50."
Napoléon par Raffet.	21."
Mémoires de Commines.	25."
St Simon. 13 vol.	15."
London. 19 vol.	4."
La Renaissance - Calvin 4 vol.	43."
S. vincent de Paul - Chaussures de Lacroix. 7 vol.	22."
Méditerranée - fleuves. 14 vol.	32."
Robida. vieilles villes. 3 vol.	42."
Italie - Howard, ot. 5 vol.	40."
S. Simon. 10 vol.	9."
Cambodge - Charles Blanc. 16 vol.	26."
Joanne. Baedeker. 30 vol.	12."
Calvin et autres. 40 vol.	20."
galland - albert durer - Papy. 5 vol.	47."
Didron - Bonchat - Landrin. 9 vol.	52."
	2808.50

Report. 2808.50	Report. 453.50

Pyramides – Bénédictins 14 vol. 81..
Costumes 2 vol. . . . 44..
Sciences – Sépultures, list d'ornement de Blondel 10 vol. . 18..
Fêtes – S. Vincent de Paul – gé- néraux, officiers . . . 16..
Scudo, Ste Beuve. 14 vol. . 14..
Leconte de l'Isle 7 vol. . 30..
(acheté par Louis Cacheux)
volumes divers . 20 vol. 13..
L'art. revue Nouvelle. Holbein 3 vd 30..
Lamonet – Renan. 16 vol. 53..
Don quichotte Holbein 8 vol. 12..
  3139.50
volumes divers . 15 vol. 22...
tal pour environ 1000 volumes. 3161.50

Chevalets, porte cartons (Détail du No 228)
documents d'artiste (du Catalogue.

1 échelle – 1 meule – 1 pied tournant – 1..
1 chevalet et 1 pied tournant. 37..
2 chevalets . . . 50..
1 chevalet et 1 pied. 31..
1 chaise et 1 armoire. 11..
Chevalets et 3 ... ... 10..
Plâtres – 50 pièces. 10..
2 bibliothèques. . 8..
2 petites bibliothèques, escabeau et de échelle. 15..
8 armes, flèches, et. 26..
5 stores.
Lot de planchette, table... 7.5
2 miroirs appliques à 3 lum. panneau 16..
Cadres, panneaux, poignards. 12..
Paravents, tapis, nattes.
Lot d'accessoires à photographie 10..
Appareils de photogr. 18 – 24 – 83..
do do 9 – 12 avec objectifs de zinc et 5 chassis 56..
(acheté par moi) 453.50

Lot de photogr. et gravures 38..
Musique diverses. . . . 10..
(que je lui avais données)
2 balances. 3.50
Pierres lithographiques. 10..
Lot de faïences. 11..
Pinceaux. 17..
Mappemonde 4 œufs d'autruches 7..
Pendule horloge. 8 pièces cuivre 18..
Tapis, tapis bross 10..
Cadres, pliants 2..
grand panier rond, petites... 2..
Cadres, glaces, miroirs, 6 p. 24..
Boîtes, baromètre, miroirs. 10 p. 9..
Boites, cadres divers. 17..
Panneaux, jeux divers. 7..
(Lot acheté par M. Cacheux)
Lot de miniatures. 5 pièces. 12..
Lot de photographies. 5 pièces. 2..
Un lot de vitraux. 9 pièces. 8..
5 dessins et gravures. 9..
9 dessins et gravures encadrés. 11..
Plâtres et une photographie 11
2 dessins 22
3 gravures d'après Callot. 7..
2 tableaux modernes. 3.50
grandes photographies. 5 pièces. 5..
6 gdes gravures encadrées. 11..
4 do encadrées. 35..
7 do encadrées. 19..
5 petites peintures. 34..
5 toiles non encadrées. 25..
1 lot d'objets divers. 3.50
1 do – 15 pièces. 4..
1 do – 12 pièces broyé. 6..
  834..